THIS BOOK BELONGS TO:

_____

_____

_____

mantra

For the children of Richard Cobden Primary School, London
D.M.

Special thanks to Phillip Fong and his family,
and to the staff and children of Mason Avenue Kindergarten
J.C.

First published 2003 by Mantra
5 Alexandra Grove, London N12 8NU
www.mantralingua.com

British Library Cataloguing in Publication Data:
a catalogue record for this book is available
from the British Library.

Iliggii Liiqliiqanayay
The Wibbly Wobbly Tooth

Written by David Mills
Illustrated by Julia Crouth

Somali translation by Adam Jama

mantra

Isniintii markay saacaddu todobadii fiidnimo laba daqiiqo dhaaftay,
ayaa Lii iliggii ugu horeeyay liiqliiqday.
Markaasaa iliggii mar qudha yidhi…Labac Lubuc.

On Monday evening at two minutes past seven, Li got his first wobbly tooth.
And the tooth went…Wibble Wobble.

Talaadadii ayuu Lii carruurtii dugsiga oo dhan tusay.
Markaasaa iliggii mar qudha yidhi...Labac Lubuc, Labac.

On Tuesday, he had to show everyone at school.
And the tooth went...Wibble Wobble, Wibble.

Arbacadii waxay noqotay inuu qadadiisii qunyar cunaa.
Markaasaa iliggii mar qudha yidhi...Labac Lubuc, Labac Lubuc.

On Wednesday, he had to be careful eating his lunch.
And the tooth went...Wibble Wobble, Wibble Wobble.

Khamiistiina waxay noqotay in uu Lii qunyar cadaydo.
Markaasaa iliggii mar qudha yidhi...Labac Lubuc, Labac Lubuc, Labac.

On Thursday, Li had to be extremely careful brushing his teeth.
And the tooth went...Wibble Wobble, Wibble Wobble, Wibble.

Jimcihii ayuu Lii bilaabay inuu iliggii liiliijiyo.

On Friday, Li wiggled his tooth in and out,

Marba dhinac ayuu u qalloociyay, oo carrabka hoosta ka geliyay, illaa uu iliggii yidhi...

he twisted it and even stuck his tongue under it, until it went...

LABAC LUBUC, LABAC
LUBUC,
LABAC LUBUC...
UUUUBIS!

WIBBLE WOBBLE, WIBBLE
WOBBLE,
WIBBLE WOBBLE...
OOOOPS!

"HURRAY!" everyone cheered.
Li gave them a big smile and he felt very brave.

"HURRAAY!" ayay dhammaantood ku dhawaaqeen.
Lii ayaa geesi iska dhigay, markaasuu si fiican u qoslay.

Markii dugsigii dhammaaday ee guryaha la qabanayay ayaa
Lii debedda u soo cararay si uu aabbihii u tuso.

When it was time to go home, Li rushed out to show his dad.

"Waxaad waddaba ma soo saartay," ayuu
yidhi Aabbe. "Si fiican baad yeeshay!"

"At last," said Dad.
"Well done!"

Sabtidii ayaa Lii xasuustay durba foolkiisii hore. Runtii wuxuu rabay ilig cusub.

On Saturday, Li missed his front tooth. He really wanted a new tooth.

"Haye ina keen," ayuu yidhi Aabbe. "Ina keen u tagno Ayeeyadaa.
Iyadaa taqaanna waxa la sameeyo eh."
Markaasaay isu raaceen gurigii Ayeeydiis.

"Come on," said Dad, "let's go and see Grandma. She'll know just what to do."
So off they went to Grandma's.

"Bal eeg!" ayuu yidhi Lii.

"Heey, iliggii wuu kaa dhacay!" ayuu yidhi Joowi. "Haddaad barkimada hoosteeda geliso, gabadha yar ee ilkaha qaadata ayaa iman markaasaay lacag kuu keeni!"

"Waayo?" ayuu weydiiyay Lii.

"Iliggaaga ayay u baahan tahay si ay ugu dhisato aqalkeeda cusub!"

"Ooh," ayuu yidhi Lii. "Waxaa wanaagsan inaan Ayayday u sheego!"

"Look!" said Li.
"Hey, you've lost your tooth!" said Joey.
"If you put it under the pillow, the tooth fairy will come and bring you some money!"
"Why?" asked Li.
"She needs your tooth to build her new house!"
"Oh," said Li. "I'd better tell my Grandma!"

"Bal eeg!" ayuu yidhi Lii.

"Ooooooo!" ayuu yidhi Koofi. "Anigu kaygii dhulkaan ku qariyay markaasaa mid cusubi ii soo baxay!"

"Runtii ma sidaasaa dhacday? Waa inaan Ayayday u sheegaa!"

"Look!" said Li.
"Oooooo!" said Kofi. "I hid mine in the ground and then my new one grew!"
"Did it really? I must tell my Grandma!"

"Bal eeg!" ayuu yidhi Lii.

"Heey," ayay tidhi Salma. "Haddaad iliggaaga webiga ku tuurto nasiibkaaga ayaa wanaagsanaanaya!"

"Miyuu wanaagsanaanayaa?" ayuu yidhi Lii. "Aabbe, maxaan sameeyaa?"

"Ayeeyo ayaa garanaysa," ayuu yidhi Aabbe.

"Look!" said Li.

"Hey," said Salma. "You could throw your tooth into the river and it will bring you good luck!"

"It will?" said Li. "Dad, what shall I do?"

"Grandma knows," said Dad.

"Ayeeyo. Ayeeyo, EEG!" ayuu yidhi Lii.
"Iliggaygii intuu yidhi LABAC LUBUC LABAC LUBUC
LABAC LUBUC ayuu soo dhacay!"
"Haye, haye, haye," Ayaydii baa qososhay. "Anaa garanaya
waxaynu samayn lahayn! Intaad wax aad jeceshahay
qabsato ku tuur aqalkan deriska dushiisa," ayay qunyar
dhegta u saartay.
"Waayahay," Lii baa qayliyay markaasuu...

"Grandma, grandma, LOOK!" said Li. "My tooth went WIBBLE WOBBLE
WIBBLE WOBBLE WIBBLE WOBBLE and OUT!"
"Well, well, well," smiled Grandma. "I know just what to do!" she
whispered. "Throw it up onto a neighbour's roof and make a big wish."
"OK," shouted Li and...

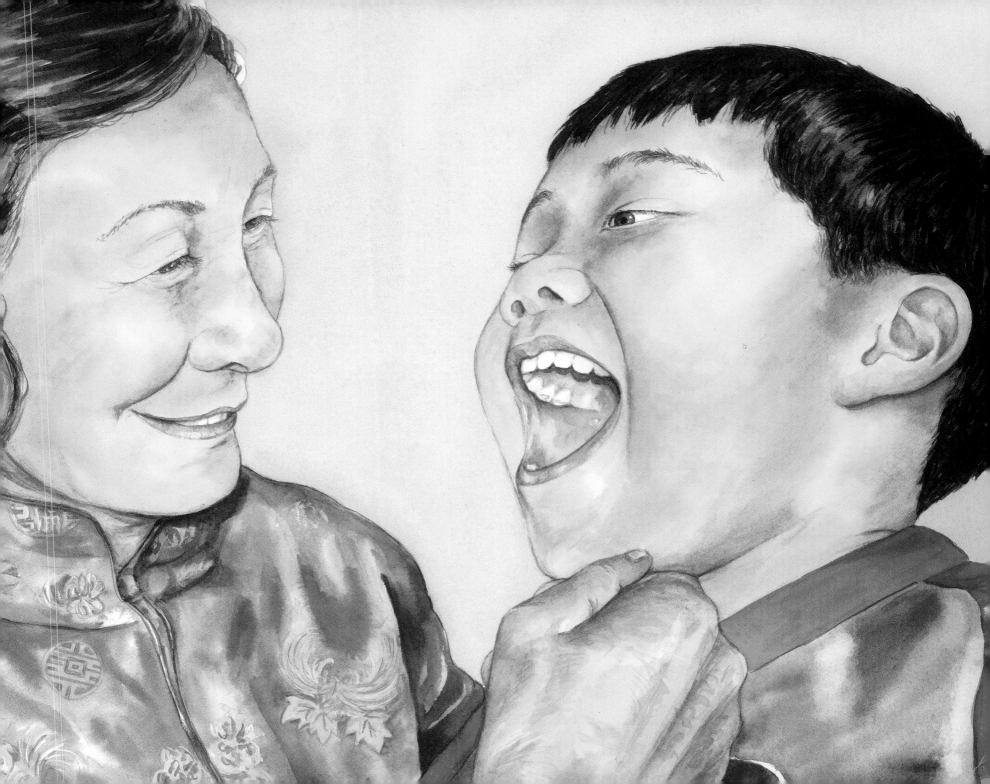

...intuu xooggiisii oo dhan isugu
geeyay iliggii sare u tuuray!

...threw his tooth up with all his might!

Maalintii xigtay Axad bay
ahayd oo waxba ma dhicin.

The next day was Sunday
and nothing happened.

Laakiin Axaddii ku xigtay ayaa markay saacaddu laba daqiiqo dhaaftay todobadii, ayaa Lii wixii uu jeclaa arkay!

But the next Sunday morning at two minutes past seven, Li's wish came true!

"Hooyo, Aabbe," Lii baa hoos u xanshashaqay. "Eeg!"

"Mum, Dad," whispered Li. "Look!"

TOOTHY QUESTIONS

1. Have you lost your first tooth yet?

2. What do we need our teeth for?

3. How do you take care of your teeth?

4. When did you last visit the dentist?

5. Which one of these is best for taking care of teeth?
   a. Eating chocolate
   b. Brushing your teeth twice a day
   c. Climbing a tree

6. In some parts of the world people use different things to clean their teeth. Can you guess which they use?
   a. Apples
   b. Tea leaves
   c. Twigs

7. Which of these animals have the biggest teeth?
   a. Rats
   b. Wolves
   c. Elephants

TOOTHY ANSWERS

2. We need our teeth for eating and talking. They also make us look good when we smile!

5. Brushing your teeth twice a day.

6. Twigs from the Neem tree which grows in South Asia. They fight bacteria, protecting both the teeth and gums. The Neem tree is well known for its medicinal uses.

7. Elephants. Did you know that the tusks of an African elephant can grow up to 3.5 meters!